DE LA
PRESSE PÉRIODIQUE.

PARIS,

Chez J. G. DENTU, PALAIS-ROYAL, GALERIE DE BOIS,
n.os 263 et 266;

BEAUCÉ-RUSAND, HÔTEL PALATIN, PRÈS SAINT-SULPICE.

(*Février* 1826).

DE LA
PRESSE PÉRIODIQUE.

« Les Français ont le droit de publier et
» de faire imprimer leurs opinions, *en se*
» *conformant aux lois qui doivent réprimer*
» *les abus de cette liberté.* »
(Charte constitutionnelle, art 8.)

§ 1er. *Profession de foi.*

Eт nous aussi, nous aimons la charte! Nous aimons la charte, parce qu'elle fut le don du sage
monarque qui réconcilia la France avec l'Eu-
rope, avec l'univers, avec elle-même; d'un monarque qui *chercha à renouer la chaîne des temps que
de funestes écarts avaient interrompue.* Nous aimons la charte parce qu'elle fut comme l'ancre de
miséricorde sur laquelle se toua le vaisseau de l'Etat
pour se soustraire aux violentes tempêtes qui me-
naçaient de l'engloutir. Nous aimons la charte parce
qu'elle a remplacé la vieille constitution de la monarchie, que la rouille des siècles avait lentement
usée, et dont la révolution, dans sa course dévorante,
avait dépecé, disséminé et anéanti les lambeaux.
Nous aimons la charte enfin, parce qu'il faut dans
tout Etat, dans toute société, dans toute réunion

d'hommes un pacte qui détermine les principales conditions de l'association, surtout, le mode suivant lequel elle doit être régie ; et que, malgré quelques imperfections, ce pacte était au moment où il nous fut donné et est encore aujourd'hui le plus convenable à la situation politique et morale de la France, à ses besoins et à ses goûts.

Mais ce que nous voulons avant la Charte et plus que la charte, c'est la conservation de la société, et par conséquent celle du pouvoir conservateur : et si ce pacte constitutif contenait quelques principes de dissolution ; si à l'aide de ses dispositions on minait sourdement les bases du trône pour le faire écrouler ; si un faux culte pour ce code devait nous conduire à méconnaître ou à anéantir la source d'où il est émané, nous sacrifierions sans hésiter tous les articles de la charte, plutôt que de laisser périr la monarchie ; nous ne voulons plus devenir la proie ni de sanguinaires tribuns ni d'un insatiable usurpateur.

Nous débutons par cette profession de foi : nous déclarons à l'avance quelle est la mesure et quel est le terme de notre affection pour la charte, afin qu'on ne nous accuse point d'hypocrisie dans la protestation de notre respect pour ses dispositions. Nous savons que c'est la méthode familière à certains critiques : ils essayent de diffamer l'auteur d'un écrit, afin de décréditer ses argumens. Semblables aux cochers de fiacre qui, lorsqu'ils se trouvent arrêtés par quelque embarras, préludent par des injures aux moyens d'en sortir ; croyant sans doute mettre ainsi le bon droit de leur côté.

Nous le répétons : dans l'ordre de nos affections, avant la charte est la royauté ; la royauté légitime ; la royauté héréditaire dans la maison de France ; la royauté qui nous a été transmise de mâle en mâle par ordre de primogéniture, depuis la fin du dixième siècle; la royauté devenue en quelque sorte le patrimoine de la nation. Et notre prédilection pour la royauté est fondée sur l'intime conviction qu'elle est l'unique gouvernement qui convienne à notre pays. Les funestes résultats de nos modernes essais ; voilà les motifs de notre conviction. La royauté avant la charte, parce que la charte n'est qu'une émanation de la royauté; elle est la forme sous laquelle la royauté a déclaré vouloir exercer la puissance ; le mode de communication du souverain aux sujets. La royauté c'est le corps ; la charte c'est l'habit dont elle est revêtue.

Qu'on ne croye pas d'après ce préambule que nous veuillions porter la moindre atteinte à la charte. Nous voulons au contraire nous étayer de ses dispositions dans la discussion que nous allons entamer. Nous établirons que la licence actuelle de la presse périodique, est une flagrante et continuelle violation du pacte constitutif; et les mesures que nous nous proposons d'indiquer seront la fidèle, la rigoureuse application du texte et de l'esprit de l'art. 8 , que nous avons pris pour épigraphe.

§ 2º. *Développemens et conséquences de l'art. 8 de la charte.*

Les partisans de la liberté indéfinie de la presse, ne veulent voir dans l'art. 8 de la Charte , que la reconnaissance d'un droit : « Les Français ont le » ·droit de publier et de faire imprimer leurs opi- » nions. » Ils ne tiennent aucun compte du second

paragraphe de ce même article, qui énonce la condition attachée à l'exercice du droit : « *En se con-*
» *formant aux lois* qui *doivent réprimer les abus* de
» cette liberté. » Forcés cependant de convenir
que ce paragraphe existe matériellement, ils ont re-
cours à la logomachie pour en altérer le sens et en
annihiler l'effet. Ils soutiennent que *réprimer* n'est
pas *prévenir ;* que par conséquent on ne doit pas
faire de lois *préventives* contre la liberté de la presse.
Ce système, tout absurde qu'il est, a fait un grand
nombre de prosélytes, parce qu'il n'est pas d'erreur
qui, à force d'être répétée et enseignée, ne finisse
par prendre les apparences de la vérité. On croit, ou
peut-être on feint de croire, qu'il est en effet impos-
sible, sans porter atteinte à la charte, de *prévenir
les abus* du droit qu'ont tous les Français de publier
et de faire imprimer leurs opinions.

Mais ne voit-on pas que par la charte même, ce
droit est limité aussitôt qu'il est reconnu? *Les Français ont le droit de ...... en se conformant aux lois qui
doivent réprimer les abus de cette liberté.* La charte,
ou plutôt son auteur, suppose l'existence actuelle
ou future de lois qui *doivent réprimer les abus du
droit ;* il ne reconnaît le droit, il n'autorise son
exercice qu'avec la condition de se conformer à ces
lois. Si les lois n'existent pas, il faut les faire, car
la charte en suppose l'existence. Si celles qui existent sont insuffisantes, c'est-à-dire si elles ne répriment pas les abus, on doit y suppléer. L'intention, la volonté de l'auteur de la charte est formellement exprimée : *Lois qui doivent réprimer les abus
de cette liberté.* Le premier paragraphe énonce le
droit des individus; le second énonce la condition
attachée à son exercice; il fait plus, il impose au
législateur l'obligation d'établir ces conditions, l'o-

bligation de faire des lois qui répriment les abus du droit.

Pour que la loi réprime, il faut qu'elle défende ; il faut qu'elle attache une peine quelconque à la violation de la défense. La crainte de cette peine empêche de faire l'acte défendu, et par conséquent le prévient ; car s'il y a des hommes qui font ce que la loi défend et punit, il en est aussi, et c'est heureusement le plus grand nombre, qui s'abstiennent de faire ce qui est défendu. La loi, en prononçant une peine contre l'auteur de l'acte défendu, n'a pas pour objet de faire souffrir cet individu ; mais d'empêcher, de prévenir le crime par la crainte du châtiment. L'intérêt de la société est que les crimes, les délits soient empêchés, soient prévenus ; c'est-à-dire que les actes ainsi qualifiés parce qu'ils sont nuisibles, ne soient pas commis. Ce n'est que secondairement et à cause de ce premier intérêt qu'elle veut la punition de ceux qui commettent les crimes, les délits. Elle veut cette punition comme un préservatif, comme un moyen de se garantir du mal en empêchant, en prévenant les actes nuisibles. Le but réel de la loi pénale, de la loi répressive, serait manqué, si elle n'empêchait pas, si elle ne prévenait pas ; ce serait une loi inefficace, une loi inutile. La loi répressive est donc nécessairement préventive : si elle ne prévient pas les délits, c'est parce qu'elle ne les réprime pas suffisamment. Les lois qui réprimeront les abus du droit d'imprimer. auront donc pour effet, comme elles doivent avoir pour but, de prévenir, d'empêcher ces abus.

Mais demanderont nos adversaires, qu'entendez-vous par *les abus* du droit d'imprimer? J'ouvre le dictionnaire et je lis qu'*abus* et *mauvais usage* sont synonimes; que *mauvais* est synonime de *nuisible*, *dangereux*, *préjudiciable*, *dommageable*; j'en conclus que l'abus du droit d'imprimer, c'est le mauvais usage que l'on peut faire de ce droit; l'usage *nuisible*, *dangereux*, *préjudiciable*, *dommageable* à la société ou aux individus.

Il en est de toutes nos facultés, de tous nos droits, comme de celui-ci. Leur usage s'arrête là où il deviendrait un abus. Leurs limites sont déterminées par les besoins de la société, par ses intérêts, ou par ceux de ses membres. Ce sont les lois qui fixent ces limites. Qu'on les appelle *répressives* ou *préventives*, peu importe. Leur but est d'empêcher les actes *nuisibles*, les actes *dangereux*, les actes *préjudiciables* à la masse ou aux particuliers. Supposez ces lois non existantes, ou ce qui reviendrait au même, supposez qu'on ne s'y conforme pas, il n'existe plus ni sûreté, ni propriété, ni liberté. Le fort devient le maître du faible; il le heurte ou l'enchaîne à son gré; d'une massue il assomme ceux dont l'existence lui déplaît ou lui fait obstacle. Le faible à son tour aiguise un poignard et le plonge dans le sein du fort. Un habile chasseur atteint d'un trait le daim ou le chevreau sauvage; un autre moins adroit mais plus vigoureux lui enlève le prix de son adresse; à quelques pas de là, il est atteint lui-même par une flèche meurtrière. Celui-ci cultive avec soin une plante productive pour en savourer les fruits. Celui-là survient au moment où le fruit est mur et le dérobe à son légitime possesseur. Tel profitant de sa voix de Stentor fait retentir la forêt d'injures et de menaces contre ses ennemis. Tel autre avec la pointe d'un couteau grave leur nom sur un tronc d'arbres et y joint les épithètes les plus offensantes. Voilà l'état de la société sans loix ; l'état sauvage. L'un a la force, l'autre l'adresse, un troisième l'habileté. Chacun en use suivant ses besoins ou sa volonté.

Dans la société civilisée, l'homme apporte les mêmes facultés, les mêmes droits ; mais il s'engage à ne pas en user au préjudice des droits et des facultés d'autrui. S'il fait des actes nuisibles, dangereux, préjudiciables, il manque aux conditions de l'association. Les lois doivent réprimer cet abus de la force, de l'adresse, des autres facultés physiques ou intellectuelles. Elles doivent définir les actes nuisibles, dangereux, préjudiciables, les prévenir, les défendre. Elles doivent infliger des peines suffisantes pour empêcher que ces actes ne soient commis. Tel est l'esprit de la charte et tel doit être l'esprit du pacte constitutif de toutes les sociétés. Tel est spécialement le but du second paragraphe de l'art. 8. à l'égard du droit de publier et de faire imprimer ses opinions. *Les lois doivent réprimer les abus* de ce droit, c'est-à-dire les actes *nuisibles, dangereux, préjudiciables*, qu'on peut faire en usant de ce droit. Ceux qui exercent ce droit doivent *se conformer* à ces lois. Cette obligation est formellement, textuellement exprimée. Ces lois doivent définir les actes nuisibles, les défendre, les punir ; alors elles les empêcheront, elles les préviendront.

Nous nous sommes étendus, outre mesure, peut être sur cette question de *constitutionnalité*. Mais si l'on considère que c'est toujours comme défenseurs de la charte que nos adversaires se présentent, on conviendra que pour les combattre avec quelque succès, nous avons dû commencer par prendre l'avantage de la position. C'est dans l'art. 8. que doivent se placer ceux qui veulent empêcher, pré-

venir les abus de la liberté de la presse. C'est l'art.
8. qui doit leur fournir toutes les armes pour réprimer ces abus. Retranchés dans ce bastion de la
charte, ils peuvent dire aux défenseurs de la liberté
illimitée de la presse : Vous nous accusez de déchi-
rer la charte, et c'est vous qui voulez la morceler.
Vous ne voulez que le Ier. paragraphe de l'art. 8 ;
nous, nous voulons l'art. 8. en entier. Vous ne
voyez dans la charte que des droits; nous, nous y
voyons aussi des devoirs. Vous voulez exercer les
droits : nous y consentons ; mais nous voulons que
vous remplissiez les conditions qui y sont attachées.

§. 3e. *Effets de la presse périodique à l'égard de la
société.*

Une magistrature nouvelle s'est introduite en
France. Née au sein des discordes civiles, elle ali-
mente nos divisions et en reçoit sa puissance. Forte
de la faiblesse de tous les pouvoirs légaux, elle tend
constamment à les déprimer, à les ravaler, à les
anéantir. Les lois sont soumises à son improbation ;
les actes de l'administration à sa censure ; les déci-
sions des tribunaux à sa critique. Elle ne respecte
pas plus les personnes que les choses. Elle condamne
les ministres comme inhabiles ou comme violateurs
des droits de la nation ; les pairs, les députés, comme
vendus au pouvoir ; les magistrats comme prévari-
cateurs. Supérieure à toutes les puissances humaines,
elle se place au-dessus du trône pour régenter le monarque et s'égale à la lumière divine pour juger les
consciences. Le mensonge, la calomnie, la diffamation, les injures, les invectives, le scandale sont
ses armes favorites. La honte et le ridicule sont les

châtiments qu'elle inflige, et ses stigmates sont ineffaçables. Elle rend chaque jour ses arrêts dans la capitale et un million de voix les portent dans toute la France.

On a reconnu la presse périodique et cependant nous n'avons que faiblement esquissé ce monstre politique : nous ne voulons pas signaler ses cent bouches ; mais nous indiquerons les effets du venin qu'elles distillent.

L'auteur de la charte avait commandé *l'union* et *l'oubli*. Les Français rentrés sous le gouvernement de leurs rois légitimes, après de longs désastres dont presque tous avaient plus ou moins souffert, obéissaient au vœu du monarque. Le vétéran de l'émigration et celui de la réquisition étaient réunis sous l'antique drapeau. Tous deux étaient français ; et si le premier s'étonnait en comptant les blessures et les exploits de son nouveau camarade, le second s'attendrissait au récit des infortunes du compatriote qu'il avait peut-être autrefois combattu, mais dont il n'avait jamais été l'ennemi. Dans l'administration, dans les tribunaux, dans tous les emplois civils, même fusion que dans l'armée. Tous s'accordaient dans un seul sentiment : Aimer le Roi ; tous n'avaient plus qu'une volonté : le servir avec dévouement. Si dans la masse innombrable de sujets que les malheurs publics avaient frappés, il en était quelques-uns dont les maux n'eussent pas encore été aperçus, ils attendaient avec résignation que les regards du monarque se portassent sur eux, persuadés que ce moment serait celui de la réparation ou du moins celui du soulagement.

La discorde frémit de se voir exilée de la France ; elle appelle à son secours la presse périodique, et le présent ne lui offrant plus assez d'alimens, elle la

charge d'exhumer le passé et d'exploiter l'avenir.
Elle invente les mots de *France ancienne* et de *France
nouvelle* et divise ses ministres en deux bandes.

« Voyez, fait-elle dire par les uns à la France
nouvelle, voyez ces hommes qui naguères se se-
raient contentés d'être tolérés ; à peine rentrés, ils
occupent ou convoitent toutes les places, tous les
grades, tous les honneurs ; bientôt ils demanderont et reprendront les biens qui leur ont été *juste-
ment* enlevés ; ils revendiqueront ce qu'ils appellent
leurs anciens droits. Ils ne se contenteront pas de
l'ancien régime du 18.ᵉ siècle ; ils voudront celui du
13ᵉ : les droits féodaux avec leur avilissant cortége,
les corvées, les tailles à volonté, les distinctions
humiliantes. Laissez-les faire et bientôt vous les
verrez obsédant le trône, fouler aux pieds la charte,
rétablir la suzeraineté, l'olygarchie féodale, les pri-
viléges, les exemptions d'impôts et de toutes les
charges publiques. Ils ne vous laisseront enfin que
la servitude, le travail et la misère. »

« Eh ! quoi, disent les autres à l'ancienne France,
vous avez vaincu la révolution et la révolution vous
commande encore. Elle règne dans l'armée, dans
les administrations, dans les tribunaux, dans toutes
les branches du gouvernement. Vous êtes rentrés
triomphants en France et vous n'y avez pas un asyle,
et la porte de vos anciens manoirs vous est fermée.
Laisserez-vous vivre en paix ces hommes qui se sont
enrichis de vos dépouilles ? Ceux qui se sont élevés
en caressant tour à tour et les factions démagogi-
ques, et le despote qui se couronna sur leurs dé-
bris, doivent-ils conserver des places qui vous ap-
partiennent et qu'ils ont usurpées pendant que la
France était en état de rébellion ? Ils flattent aujour-
d'hui l'autorité royale pour avoir part à la puissance ;

mais ils ont juré haine à la légitimité et vous la verrez au premier jour étouffée sous le sceptre d'un nouvel usurpateur, ou renversée par les piques sanglantes de l'anarchie. Vous mêmes proscrits de nouveau, si vous échappez à leurs coups, ce sera pour aller mendier des secours sur une terre étrangère et mourir de faim ou de douleur loin du toit paternel. »

C'est ainsi que donnant une apparence de réalité aux visions de quelques insensés et aux vœux secrets de quelques incorrigibles, les oracles de la presse périodique ont rallumé les flambeaux de la discorde ; c'est en réveillant d'odieux souvenirs, c'est en alarmant par de funestes prophéties, qu'ils ont rendu irréconciliables des Français prêts à se rapprocher, des Français qui avaient compris le vœu du monarque. Tels furent les premiers fruits de la liberté illimitée de la presse.

Mais ce n'était pas assez de répandre sur toute la France ces semences de division, de les cultiver avec soin, de les arroser chaque jour. Le respect pour un Gouvernement modérateur, l'affection des sujets pour leurs princes devaient empêcher les fruits d'éclore ou du moins de venir en maturité. Faibles obstacles, la presse périodique vous aura bientôt renversés !

Ses organes publient partout que la charte est violée, nos libertés publiques détruites, notre dignité nationale anéantie, nos lauriers flétris, notre politique rampante et soumise aux volontés de la Russie, de l'Autriche et de la Prusse. « Les contribuables, ajoutent-ils, sont accablés d'impôts, le commerce ruiné, l'industrie enchaînée ; les finances sont dilapidées ; d'énormes pensions, de riches sinécures prodigués aux grands et aux favoris ; les places données aux ignorans, flatteurs ou esclaves du pouvoir; et l'on éloigne des conseils les défenseurs des droits et des intérêts de la nation; les hommes laborieux et instruits sont dépouillés de leurs emplois; les défenseurs de l'Etat sont privés de leurs grades et languissent dans la misère. »

Puis s'adressant encore aux partis. La presse dit aux uns : *Le Gouvernement donne tout à vos ennemis;* elle dit aux autres : *L'on fait trop peu pour vous.* Et pour émouvoir des affections d'un ordre plus élevé; pour agiter des cordes plus sensibles, là elle crie à l'*intolérance* ; ici à l'*impiété.*

Chaque jour voit paraître une accusation nouvelle contre les dépositaires de la puissance, chaque jour une diatribe sanglante. L'acte de la veille est censuré avec amertume. Le lendemain doit amener une opération plus désastreuse. Ne peut-on improuver le fond, on s'attaque à la forme Si par fois le Gouvernement trébuche dans ce chemin raboteux; si dans cette mer orageuse, le vaisseau de l'Etat pour éviter des brisants dangereux, frise un léger écueil; toutes les voix crient haro contre les pilotes, toutes les trompettes sonnent la charge; l'incurie, l'inhabileté, l'impéritie sont les moindres reproches dont on les accable. Altérer les faits, incriminer les motifs, accuser les intentions sont les moyens ordinaires des familiers de la presse périodique.

Dans cette lutte continuelle le pouvoir s'use et perd sa force morale; la confiance est altérée, l'obéissance devient problématique, et nous voudrions en vain le dissimuler, l'affection des sujets pour le monarque court risque d'être affaiblie. Nos jouissances présentes sont empoisonnées par la prévision d'un sombre avenir. Nous sommes dans le calme, mais nous attendons la tempête; nos biens nous craignons de les perdre; notre liberté même nous embarrasse. Voilà les présens que nous a faits la presse périodique!

§. 4.ᵉ *Abus de la presse périodique à l'égard des individus.*

Si des intérêts généraux de la société, nous passons aux intérêts partiels des individus, nous les voyons chaque jour froissés, menacés, compromis par la presse périodique; car la réputation est aussi un intérêt.

Ministres de tous les cultes, administrateurs de tous les degrés, magistrats de tous les rangs, militaires de tous les grades, citoyens de toutes les professions, paraissez devant le redoutable tribunal. Ce n'est pas seulement de votre conduite publique que vous avez à rendre compte. Vos actions les plus secrètes vont amuser les amis du scandale; les défauts de votre caractère deviendront l'objet de la satire; vos infirmités même seront révélées; et si vous ne pouvez être atteints par le blâme, vous n'échapperez pas du moins aux traits du ridicule.

Votre nom, peut-être, ne sera pas imprimé en toutes lettres, pour ne pas donner prise à la poursuite judiciaire. Mais des initiales et des finales, vos titres, quelque sobriquet vous signaleront d'une manière si claire, vos fonctions, vos habitudes seront si bien peintes, le langage allégorique sera si peu déguisé que chacun s'écriera : *C'est lui, ce ne peut être que lui.* Et ne croyez pas vous mettre à l'abri des coups de cette nouvelle inquisition par des mœurs pures, une conduite honorable, l'exacte observation de tous les devoirs que la société vous impose, même par votre neutralité politique. Vous occupez ou vous sollicitez un emploi qui est envié; ou bien votre réputation attire chez vous une nombreuse clientelle dont on voudrait obtenir une partie; ou peut-être vous allez former un lien dans une famille respectable et vous avez un rival à qui votre éviction facilitera le succès. La presse périodique vient au secours de votre adroit concurrent, et vous voilà traduit sur la scène. — La capacité de M***. est médiocre; on vante ses talents, mais ils sont fort bornés; on le dit d'ailleurs d'une nonchalance très-préjudiciable aux intérêts de ses cliens. Son crédit commence à baisser. Ses mœurs sont fort équivoques, pour ne rien dire de plus. — Mais ma conduite, mes actions, dites-vous, ne donnent pas matière à la médisance. — Eh bien, on remontera à celles de votre père, on explorera celles de vos proches. — On ne trouve rien encore. — Et la calomnie, la calomnie. — J'obtiendrai justice contre le calomniateur; je le ferai condamner à une amende, à la prison, à la rétractation des faits calomnieux. — A la bonne heure; la justice frappera un mannequin qui pour quelques pistoles s'est déclaré l'auteur de l'article incriminé; mais le coup n'en aura pas moins produit son effet; et sans compter le temps perdu, l'argent employé à payer des huissiers, des avocats, le désagrément de comparaître, même comme plaignant devant un tribunal, pendant que vous vous serez occupé à défendre votre réputation, vous aurez négligé vos affaires; la place aura été donnée à un autre solliciteur; votre clientelle se sera éloignée, et le père de votre prétendue ne voulant pas dans sa famille un membre

taré, aura marié sa fille à un prétendant plus heu-
reux. La calomnie, la calomnie! Il en reste toujours quelque chose comme dit Bazile, et les nou-
veaux Bazile le savent bien. Elle fait des blessures
morales, dont la cicatrice semblable à celle des
blessures physiques ne s'efface jamais entièrement.

§ 5.ᵉ *Preuves matérielles des abus de la presse pério-*
dique.

Dira-t-on que nous chargeons la presse périodique de torts imaginaires ? non sans doute : elle est
assez riche, pour que nous soyions dispensés de lui
prêter, et si nous ne citons aucun fait, c'est que
nous voulons nous abstenir de toute attaque indi-
viduelle. On peut d'ailleurs consulter les annales de
la police correctionnelle ; et à leur défaut, que l'on
parcoure les nombreuses collections de journaux
politiques, de journaux littéraires, de journaux des
sciences, des arts, des spectacles, des mœurs, etc.
etc. Il en est plusieurs sans doute dont les esti-
mables rédacteurs se renfermant dans les bornes
d'une sage discussion, d'une critique lumineuse,
d'une fine et décente raillerie, font la guerre aux
fausses doctrines, à l'ignorance et aux ridicules
sans attaquer les personnes.. Mais combien d'autres
dans lesquels on décrie les réputations au lieu de
flétrir les vices ; où l'on trouve des injures à la
place des arguments, des noms au bas des carica-
tures, de la malignité au lieu d'esprit. Et si nos
tribunaux ne retentissent pas chaque jour de plaintes
contre ces outrages faits à la société et aux individus, c'est peut-être parce qu'on les méprise, ou

plutôt, parce qu'on ne veut pas courir les chances dispendieuses et peu satisfaisantes d'une procédure.

§. 6.ᵉ *Réponses à quelques arguments tirés des bons effets que peut produire la presse périodique.*

On oppose à ces abus de la liberté de la presse périodique ses utiles effets. Elle éclaire, dit-on, la société sur ses besoins, les citoyens sur leurs droits. Organe de la nation elle porte au monarque le vœu des sujets ; elle défend les libertés publiques, provoque les améliorations, signale les abus, indique les vices de la législation. Elle désigne au choix de ses concitoyens le mandataire vertueux, le fidèle et incorruptible défenseur des droits et des intérêts du peuple. La presse périodique, ajoute-t-on, défend ou venge le faible ; elle est le refuge, le conseil et l'appui de l'opprimé ; elle empêche l'injustice, ou en amène la réparation. La presse périodique flétrit l'homme vicieux, châtie le méchant, corrige l'ignorant, le sot, l'orgueilleux. Voilà les bienfaits dont vous voulez nous priver.

Le besoin le plus réel, le plus pressant de la société, c'est la paix et le repos ; et les oracles de la presse périodique la tiennent dans un état continuel d'hostilité, d'agitation, d'inquiétude ; ils rallument sans cesse le feu des dissensions civiles — Vous éclairez, dites-vous, les citoyens ! Dites plutôt que vous les irritez. Vous leur parlez sans cesse de leurs droits ; enseignez-leur donc aussi leurs devoirs, et surtout apprenez-leur par votre exemple à les respecter. — Vous êtes les organes de la nation ! Vous voulez dire sans doute les trompettes des partis. —

Vous portez au monarque le vœu des sujets! et comment le monarque verrait-il les vœux de ses sujets dans vos déclamations contradictoires, dans vos manifestes remplis de fiel, dans vos violentes agressions? C'est aux conseillers de la couronne, c'est aux chambres, c'est aux conseils généraux des départements, aux conseils d'arrondissement et des communes, c'est à tous les corps intermédiaires créés par la charte ou établis par les lois organiques, c'est enfin aux amis, aux fidèles serviteurs du monarque qu'il appartient de lui faire connaître les besoins et les vœux des peuples. — Vous prétendez défendre les libertés publiques : vous les compromettez au contraire par l'abus que vous en faites, par la forme inconvenante de vos réclamations, par cette opposition haineuse à tout ce qui émane de la puissance. En combattant le gouvernement vous l'obligez à augmenter ses moyens de défense; en provoquant la résistance vous amènerez l'emploi de la force; car le gouvernement doit être obéi, ou il cesse d'être. Demandez des améliorations, proposez des lois nouvelles, discutez les projets soumis aux chambres : voilà le droit. Mais censurer avec aigreur tout ce qui existe; déclamer avec violence aujourd'hui contre la loi rendue hier; transformer la faculté de publier des opinions en celle d'accuser et de condamner les hommes; voilà l'abus. — Il faut bien éclairer les électeurs pour obtenir de bons choix! nous n'examinerons pas si cette désignation publique est un bien ou un mal, si elle convient à nos mœurs, à notre situation : mais en permettant à chacun de prôner ses candidats, faut-il aussi permettre d'injurier, de diffamer les candidats mis en concurrence? Vos amis ressembleraient-ils donc à ces amans malencontreux qui ne peuvent réussir

2

auprès de leur maîtresse qu'en décriant leurs ri-
vaux?

Si nous nous taisons, dites-vous, qui dénoncera
les actes injustes, qui défendra l'opprimé, qui vengera les victimes de l'iniquité ministérielle?—Officieux
avocats, vous ai-je chargés de ma cause? Vos invectives, vos injures la rendront-elles meilleure? N'a-
vons-nous pas dans l'administration comme dans
l'ordre judiciaire plusieurs degrés de juridiction? Si
partout nous éprouvons déni de justice, n'avons-
nous pas le droit de pétition, et au-dessus de tout, la
puissance royale, toujours accessible? Eh bien!
lorsque j'aurai épuisé toutes les voies légales, si j'ai à
me plaindre encore de l'iniquité des magistrats ou de
la haine des ministres, j'invoquerai la justice souve-
raine; et si, sur un faux exposé, le monarque re-
jette ma supplique, j'en appellerai de Charles X mal
informé à Charles X mieux inforé.

Et l'hypocrisie, les vices, les ridicules, qui les
combattra? Modernes réformateurs du genre hu-
main, imitez Molière, La Bruyère et le bon Lafon-
taine. Le premier a-t-il dit, en annonçant son Tar-
tufe, c'est monsieur *** que j'ai voulu mettre sur la
scène? Le second a-t-il placé des initiales au bas de
ses portraits? Et les fables du renard, du lion ou de
l'huître, auraient-elles pu motiver une plainte en dif-
amation? Etes-vous donc les successeurs de ces magistrats de l'ancienne Rome, qui étaient chargés de
rechercher les mœurs et la conduite des citoyens?
Si j'offense la société, le ministère public n'est-il
pas là pour me poursuivre, les tribunaux pour me
punir? Si je lèse un individu, l'action légale ne lui
est-elle pas ouverte? Mais vous, de qui tenez-vous
vos pouvoirs? à quel titre pénétrez-vous dans mon

(19)

cabinet? de quel droit venez-vous soulever les ri-
deaux de mon alcove et ameuter les passans en criant
au scandale? Rigoureux moralistes! êtes-vous donc
si purs? venez sur la place publique écrire dans des
maisons de verre! Peut-être à travers leurs parois ,
apercevrons-nous le ressort qui fait courir votre
plume envenimée.

§7.ᵉ *Les abus de la presse périodique comparés à ceux
de la parole en public.*

Ce que la presse périodique se permet chaque
jour contre le gouvernement , contre les lois, contre les autorités, contre les individus , le tolérerait-
on dans la chaire, au barreau, à la tribune des sociétés savantes ; le tolérerait-on dans les lieux publics ?

Supposons un moment que l'un de ces bate-
leurs qui amusent les oisifs des classes inférieures ,
après avoir attiré par quelques bouffonneries un
nombreux auditoire, lui tint ce discours :

« Ecoutez, Messieurs et dames ; je vais vous ap-
»prendre bien des merveilles ; je vais vous dévoiler
»des secrets bien importans. Vous jouissez d'une
»parfaite liberté, mais on travaille à vous enchaîner ;
»on prendra vos biens pour les donner aux nobles ;
»vous et vos enfans vous deviendrez des serfs, c'est-
»à-dire des esclaves. —En attendant que ces projets
»se réalisent les ministres du roi fouillent dans vos
»poches pour donner votre argent aux étrangers ou
»pour régaler leurs amis. On menace nos libertés
»publiques , et mes confrères et moi nous som-
»mes chargés par la nation de les défendre. — Il

» est vrai que le roi est bon, c'est une chose con-
» venue ; et puis la Charte ne permet pas qu'on
» s'en prenne à lui ; mais il est trompé par ses mi-
» nistres, et comme il n'y a personne là pour le lui
» dire, il faut bien que nous le lui disions nous ;
» et il faut le lui dire si haut et si souvent, qu'il
» sache bien que c'est la nation qui parle, et qu'il
» soit forcé de les renvoyer. — Quant à ces hom-
» mes noirs qui vous disent de servir Dieu et de l'ai-
» mer, d'obéir aux puissances, de respecter vos
» parens ; qui vous prêchent la modération, la tem-
» pérance ; assurément c'est fort beau, mais c'est
» plus aisé à dire qu'à faire ; et puis on dit les mêmes
» choses ailleurs, et l'on ne s'y informe pas de ce que
» vous faites. Vous ne devez donc pas vous gêner, et
» si pour quelques peccadilles on veut vous imposer
» une pénitence trop sévère, adressez-vous à des gens
» moins exigeans. — Savez-vous bien, ce grand mon-
» sieur, à qui le roi vient de donner une si belle place
» et que les savans ont reçu parmi eux, c'est tout au
» plus s'il sait lire. Il est vrai que dans sa jeunesse
» il faisoit de beaux discours ; mais voilà qu'il s'est
» avisé qu'on l'avait trompé ou qu'il s'était trompé,
» et il a bien eu le front de nous le dire en face.
» Aussi nous l'avons mes confrères et moi déclaré
» pécore, archi-pécore. — Revenez demain, je vous
» en conterai bien d'autres : je vous montrerai comme
» quoi des hommes d'Etat sont métamorphosés en
» bûches ou en cruches ; je vous parlerai des grandes
» dames et des dévots, des courtisans et des actrices,
» des académiciens et des danseuses. Je vous racon-
» terai de jolies anecdotes, bien scandaleuses ; j'en
» inventerai même quelques-unes pour vous faire
» rire ; mais vous pourrez toujours m'en croire sur
» parole, et d'ailleurs je vous nommerai les masques. »

Le lendemain quelques patrouilles de gendarmerie inviteraient les auditeurs à se séparer, et l'orateur de carrefour traduit en police correctionnelle, serait vraisemblablement envoyé pour quelques semaines à Bicêtre ou aux Petites-Maisons.

Cependant il pourrait alléguer pour sa défense qu'il use du droit reconnu par l'art. 8 de la Charte, de *publier* ses opinions, droit qui s'applique à la parole aussi bien qu'à la presse ; qu'il n'est pas plus répréhensible que les journalistes qui impriment les choses qu'il dit ; que ceux-ci même font plus de mal que lui, parce qu'ils s'adressent à un plus grand nombre de personnes ; que d'ailleurs les paroles, se perdent dans l'air, au lieu que les imprimés restent : *verba volant, scripta manent.* En effet la presse périodique est entendue de plus d'un million de Français ; sa tribune est en permanence dans nos promenades, dans les salons, dans les bureaux, dans les antichambres, dans les cafés, dans les estaminets ; elle vous suit dans les boudoirs ; elle parle à tous les instans ; elle s'adresse à toutes les classes ; elle met en jeu tous les intérêts ; elle remue toutes les passions, et sa malignité même amuse ceux qui en blâment les excès.

C'est une chose bien étrange, nous sommes tentés de dire bien ridicule, qu'on ne croie pas pouvoir empêcher d'imprimer ce qu'on empêcherait de dire publiquement ; que non-seulement on ne le défende pas, mais au contraire, qu'on en favorise la circulation ; que le Gouvernement laisse porter par ses courriers sur tous les points de la France, les déclamations, les invectives que la presse périodique vomit contre lui, les injures contre tous les agens ou dépositaires du pouvoir, les diffamations

contre un grand nombre de citoyens. Il nous sem-
ble voir une maison de commerce payant les commis – voyageurs chargés par ses concurrens de dé-
crier ses marchandises, de décréditer ses effets, de
diffamer ses chefs ; ou bien un souverain fournis-
sant des moyens de transport et le passage dans ses
Etats à l'artillerie de la puissance qui lui aurait déclaré la guerre.

§ 8.° *Quelques garanties contre les abus de la presse périodique.*

Faut-il donc interdire les journaux ou rétablir la
censure ? ni l'un ni l'autre.

Loin d'interdire les journaux, nous demandons
que l'exploitation des nouvelles politiques ne soit
plus une branche d'industrie réservée à quelques individus qui abusent de ce privilége pour faire la
guerre au Gouvernement; que la faculté de publier
un journal soit accordée à toute personne qui décla-
rera vouloir se soumettre aux conditions établies
par les lois pour garantir la société et les individus
contre les abus de ce droit.

Nous ne voulons pas la censure préalable (1),

---

(1) Il existe cependant des circonstances où le Gouvernement peut
avoir intérêt à retarder la publicité de certaines nouvelles politiques :
tels sont l'état de troubles dans l'intérieur, une guerre déclarée ou
imminente, etc. Dans ces cas, le Gouvernement doit soumettre à un
examen préalable les feuilles périodiques pour empêcher qu'elles ne
donnent avis d'un mouvement de troupes, d'une opération qu'il importe de cacher à l'ennemi; pour prévenir la publication inopportune
d'un événement qui exciterait des inquiétudes, qui produirait des
alarmes. Le Gouvernement peut arrêter cette publication, comme il
peut mettre un embargo sur les navires qui sont dans ses ports.

parce qu'elle substitue la volonté versatile de l'homme
à la volonté immuable de la loi ; parce que ne défi-
nissant pas l'abus, et laissant tout aux lumières et à
la conscience des censeurs, elle peut biffer un article non nuisible, et laisser passer un article nuisible ; parce qu'elle peut aussi devenir une arme de
parti ; parce qu'enfin elle dégage de toute respon-
sabilité les auteurs, éditeurs et imprimeurs des
journaux, et la fait peser sur le fonctionnaire qui
les a revêtus de son approbation (1).

Mais nous demandons une loi qui garantisse la
société des maux que peut produire et que produit
chaque jour la presse périodique. Cette loi doit dé-
terminer les conditions attachées à l'exercice du
droit de publier ses opinions ; elle doit empêcher
qu'on n'use de ce droit pour publier des choses nuisibles, dangereuses, préjudiciables ; pour empêcher
elle doit défendre, elle doit punir les infractions à
cette défense. Mais pour défendre ces choses nuisibles, dangereuses, préjudiciables, il faut d'abord

---

(1) On peut appliquer les mêmes raisonnements à la loi dite de
tendance (loi du 17 mars 1822). Elle ne définit pas les délits. Elle
investit les Cours royales du pouvoir législatif en leur conférant le
droit d'apprécier les faits et de les déclarer répréhensibles, tandis que
la véritable fonction du juge doit être de décider si le fait qu'on lui
soumet est designé par la loi comme un délit, et quelle est la peine
que cette loi prononce ; de même que la fonction des jurés doit être
de déclarer quel est l'auteur du fait. La loi de tendance a de plus
l'inconvénient de laisser au mal le temps de faire des progrès qui
peuvent le rendre plus dangereux, et nécessiter des remèdes violents.
Enfin elle est inefficace parce qu'elle ne prononce pas une peine
proportionnée soit au mal, soit à l'intention nuisible de l'auteur du
mal. Qu'est-ce, en effet, que la suspension temporaire, la suppres-
sion même d'un écrit périodique, comparée aux atteintes portées à
la paix publique, au respect dû à la religion de l'État et aux autres
religions légalement reconnues en France, à l'autorité du Roi, etc. ?

les définir, et c'est en cela, dira-t-on, que consiste la difficulté. Est-il donc si difficile de tracer la limite entre le droit et l'abus, de distinguer le bien du mal, le juste de l'injuste, ce qui est inoffensif de ce qui est offensif? La presse périodique ne nous a-t-elle pas éclairés depuis dix ans par ses propres excès sur ce qu'on peut lui permettre, sur ce qu'on doit lui défendre ?

Ce que l'on ne permettrait pas de dire en public qu'il soit défendu de l'imprimer. Que l'on applique à la presse et surtout à la presse périodique les dispositions des articles 201 à 206 du code pénal, sur les discours et les écrits des ministres des différents cultes; voilà pour la société. Que l'on remette en vigueur les articles 367 à 377 du même code ; voilà pour les individus. Si ces dispositions sont jugées insuffisantes, qu'on y en ajoute de nouvelles : car le vœu de l'article 8 de la Charte, le besoin de la société, l'intérêt des individus demandent des lois qui répriment les abus.

La critique, par la presse périodique, des lois, des ordonnances du Roi, des actes des diverses autorités peut produire la désobéissance : donc la loi doit interdire cette critique. Les allégories injurieuses à la religion de l'État ou aux autres cultes que la charte protége, sont autant d'offenses envers les diverses portions de la société qui les professent : donc la loi doit les défendre. Les attaques directes ou indirectes contre le Gouvernement du Roi, contre la chambre des pairs et celle des députés, les invectives, les déclamations contre les ministres, contre les magistrats, contre les fonctionnaires publics, altèrent la confiance, livrent l'autorité au mépris, carient le pouvoir : donc la loi doit les réréprimer. Les accusations banales contre les classes, les reproches sur le passé tendent à renouveler les dissensions civiles en réveillant et en éternisant les animosités : donc la loi doit les prohiber. Les calomnies, les diffamations, les railleries même nuisent aux individus en ternissant leur réputation, en les exposant au blâme et au ridicule : donc la loi doit les empêcher.

Que la loi prononce des peines afflictives ou pécuniaires graduées sur l'importance et la gravité du délit. Qu'elle atteigne les auteurs des articles, les éditeurs et propriétaires des journaux et les imprimeurs; que ceux-ci dans tous les cas soient solidaires pour le paiement des amendes, des frais de la procédure et du dommage envers la partie offensée, lorsqu'il y aura lieu.

Surtout que l'action du ministère public contre les abus de la presse périodique, soit aussi prompte que ce moyen de faire le mal est rapide. Que chaque jour immédiatement après leur publication, tous les écrits périodiques soient examinés au parquet du procureur du roi, et si quelque article paraît à ce magistrat être une infraction à la loi, qu'il rende plainte aussitôt; qu'il arrête la publication de l'écrit incriminé, et que l'information et le jugement suivent de près la dénonciation du délit.

Nous demandons que le ministère public poursuive d'office, lors même que l'offense ou l'injure ne sera dirigée que contre un particulier, parce que les délits de la presse étant commis sous les yeux de la société, c'est la société qui doit en poursuivre la punition. Si l'on attente à ma vie sur un grand chemin, le magistrat instruit du crime, attend-t-il ma plainte pour faire rechercher et poursuivre le coupable? Si en mon absence on enfonce les portes de mon domicile, pour enlever mes meubles, mon

argent, la force publique verra-t-elle commettre
le crime sans en arrêter les auteurs; faudra-t-il
pour qu'ils soient punis que je me rende partie civile? Ma réputation n'est-elle pas aussi sous la sauve-
garde de la société? et lorsqu'on l'attaque par des
moyens publics, lorsque la diffamation est imprimée,
lorsqu'elle est sous les yeux du magistrat, lorsqu'enfin je suis attaqué à mon insu, on attendrait
ma plainte, ma dénonciation; on laisserait circuler
le poison qui doit flétrir le reste de ma vie ! Le
magistrat en vengeant mon injure vengera aussi la
société offensée par la violation publique de la loi.
Mais en chargeant le ministère public de poursuivre
d'office les offenses faites par la presse périodique
aux individus, nous ne prétendons pas interdire
l'intervention de l'offensé qui pourra en tout état
de cause, même après le jugement, se porter partie civile.

§ 9.ᵉ *Conclusion.*

Nous croyons avoir établi :
1°. Que l'art. 8. de la charte en reconnaissant
que les Français ont le droit de publier et d'imprimer leurs opinions, prescrit de réprimer les abus
de ce droit.
2°. Que la presse périodique a abusé du droit
au préjudice de la société et des individus : au préjudice de la société en rallumant la discorde,
en déclarant la guerre au gouvernement, en excitant
la défiance, les inquiétudes, en altérant le respect dû aux lois, en inspirant la haine du pouvoir,
le mépris pour l'autorité. A l'égard des individus
en calomniant, en diffamant un grand nombre de

citoyens ; en livrant leurs actions et leurs personnes au blâme et au ridicule.

3°. Que l'intérêt de la société et celui des individus veulent que ces abus soient réprimés ; et que pour les réprimer il faut les défendre et les punir.

Quant aux moyens de répression nous n'avons pu nous n'avons dû qu'effleurer la matière. C'est aux conseillers de la couronne, c'est aux nobles pairs, aux honorables députés à la méditer, à la discuter, à l'approfondir. C'est à eux qu'il appartient d'aider le monarque à *concilier ce qu'exigent l'exercice des libertés légales, le maintien de l'ordre et la répression de la licence.*

N. B. Nous avons spécialement attaqué la presse périodique, parce qu'elle nous a paru être, par son action rapide et journalière, le plus redoutable ennemi de la société, du gouvernement et des individus. Les livres ne sont pas, comme les journaux, à la portée de toutes les classes ; leur effet, moins général, est aussi plus lent : mais les principes que nous avons développés dans notre second paragraphe, s'appliquent à tous les abus qui peuvent résulter de l'exercice du droit de publier et d'imprimer ses opinions ; et les lois qui réprimeront ces abus, atteindront les articles nuisibles et dangereux dans les livres et dans les brochures aussi bien que dans les journaux.

IMPRIMERIE DE BEAUCÉ-RUSAND, HÔTEL PALATIN, PRÈS SAINT-SULPICE.